Les chansonnettes de Galette

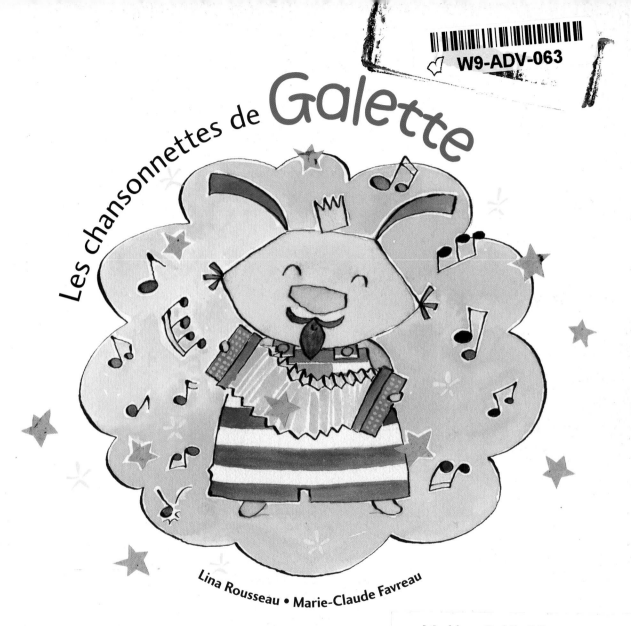

Lina Rousseau • Marie-Claude Favreau

Dominique et compa...

① Galette

(sur l'air de *Pomme de reinette et pomme d'api*)

Coucou! C'est moi, je suis Galette
Je suis vraiment chouette
Coucou! C'est moi, je suis Galette
J'porte une salopette.
Coucou! C'est moi, je suis Galette
Je mange des croquettes
Coucou! C'est moi, je suis Galette
1, 2, 3, pirouettes!

❷ J'aime beaucoup Galette

(sur l'air de J'aime la galette)

J'aime beaucoup Galette
Savez-vous pourquoi ?
Il trouve les livres chouettes
Exactement comme moi.

Tra la la la. La la la la lère,
Tra la la la. La la la la la.
Tra la la la. La la la la lère,
Tra la la la. La la la la la.

❸ Il était un p'tit Galette

(sur l'air de *Il était un petit homme*)

Il était un p'tit Galette,
Pirouette, cacahouète,
Il était un p'tit Galette,
Qui avait un ami Fripon (bis).

Son ami est un lapin,
Pirouette, cacahouète,
Son ami est un lapin,
C'est un drôle de petit coquin (bis).

Tous les jours, il joue des tours,
Pirouette, cacahouète,
Tous les jours, il joue des tours,
Pour faire rire son ami Galette (bis).

❹ C'était un p'tit Galette

(sur l'air de *Il était une bergère*)

C'était un p'tit Galette,
Et ron et ron, petit patapon,
C'était un p'tit Galette,
Et son ami Fripon, ron, ron,
Et son ami Fripon.

Ils mangeaient des galettes,
Et ron et ron, petit patapon,
Ils mangeaient des galettes,
Et parfois des bonbons, ron, ron,
Et parfois des bonbons.

Ils trouvèrent un gros livre,
Et ron et ron, petit patapon,
Ils trouvèrent un gros livre,
Celui des p'tits cochons, ron, ron,
Celui des p'tits cochons.

⑤ Fais dodo

(sur l'air de *Fais dodo, Colas mon p'tit frère*)

Fais dodo, Tartine ma p'tite sœur,
Fais dodo, t'auras du lolo.

Galette est en haut,
Qui fait du gâteau,
Fripon est en bas,
Qui fait du chocolat.

Fais dodo, Tartine ma p'tite sœur,
Fais dodo, t'auras du lolo.

Pendant qu'elle dormait,
Galette et Fripon,
Ils en profitaient
Pour manger des bonbons !

Fais dodo, Tartine ma p'tite sœur,
Fais dodo, t'auras du lolo.

❻ Cher Galette

(sur l'air de *Frère Jacques*)

Cher Galette (bis)
Que fais-tu? (bis)
Je lis des histoires (bis)
Tous les soirs (bis).

➐ Dodo,
l'enfant do

(sur l'air de *Dodo, l'enfant do*)

Dodo, l'enfant do,
Galette dormira bien vite,
Dodo, l'enfant do,
Galette dormira bientôt.

8 Sur le pont de Fripon

(sur l'air de *Sur le pont d'Avignon*)

Sur le pont de Fripon,
On y danse, on y danse,
Sur le pont de Fripon,
On y danse tous en rond.

Galette fait comme ci,
Et puis encore comme ça,

Tartine fait comme ci,
Et puis encore comme ça.

Les amis font comme ci,
Et puis encore comme ça.

Sur le pont de Fripon,
On y danse, on y danse,
Sur le pont de Fripon,
On y danse tous en rond.

❾ Alouette

(sur l'air d'*Alouette*)

Alouette, tu fais comme Galette,
Alouette, tu fais ta toilette.

Il faut te laver le nez (bis)
Et le nez (bis)
Alouette (bis)
Aaaah !

Alouette, tu fais comme Galette,
Alouette, tu fais ta toilette.

Il faut te laver les joues (bis)
Et les joues (bis)
Et le nez (bis)
Alouette (bis)
Aaaah !

Alouette, tu fais comme Galette,
Alouette, tu fais ta toilette.

Il faut te laver le cou... le ventre... le dos... les pieds...

⑩ Nous n'irons plus au bois

(sur l'air de *Nous n'irons plus au bois*)

Nous n'irons plus au bois,
Les lauriers sont coupés.
Galette que voilà,
Le laiss'rons-nous danser?

Entrez dans la danse,
Voyez comme on danse,
Sautez, dansez,
Galette veut vous amuser.

La belle que voilà,
La laiss'rons-nous danser?
Et Tartine arriva,
Pour mieux rire et chanter.

Entrez dans la danse,
Voyez comme on danse,
Sautez, dansez,
Galette veut vous amuser.

Tous les amis sont là,
Les laiss'rons-nous danser?
Galette que voilà,
Veut tous les inviter.

Entrez dans la danse,
Voyez comme on danse,
Sautez, dansez,
Galette veut vous amuser.

⑪ Galette, Galette

(sur l'air de *Bonhomme, bonhomme*)

Galette, Galette, sais-tu jouer ? (bis)
Sais-tu jouer de ce violon-là? (bis)
Zing, zing, zing, de ce violon-là...

Galette! Galette!
Tu n'es pas maître dans ta maison
Quand nous y sommes.

Galette, Galette, sais-tu jouer ? (bis)
Sais-tu jouer de cette flûte-là? (bis)
Flûte, flûte, flûte, de cette flûte-là,
Zing, zing, zing, de ce violon-là...

Galette! Galette!
Tu n'es pas maître dans ta maison
Quand nous y sommes.

Galette, Galette, sais-tu jouer? (bis)
Sais-tu jouer de ce tambour-là? (bis)
Boum, boum, boum, de ce tambour-là,
Flûte, flûte, flûte, de cette flûte-là,
Zing, zing, zing, de ce violon-là...

Galette! Galette!
Tu n'es pas maître dans ta maison
Quand nous y sommes.

Galette, Galette, sais-tu jouer? (bis)
Sais-tu jouer de ce cornet-là? (bis)
Taratata, de ce cornet-là,
Boum, boum, boum, de ce tambour-là,
Flûte, flûte, flûte, de cette flûte-là,
Zing, zing, zing, de ce violon-là...

Galette! Galette!
Tu n'es pas maître dans ta maison
Quand nous y sommes.

12 Il court, il court, le lapin

(sur l'air de *Il court, il court, le furet*)

Il court, il court, le lapin,
Le lapin du p'tit Galette,
Il court, il court, le lapin,
Il fait plein de galipettes.

Il est passé par ici,
Il repassera par là.

Il court, il court, le lapin,
Le lapin du p'tit Galette,
Il court, il court, le lapin,
Il fait plein de galipettes.

⑬ Prom'nons-nous dans les bois

(sur l'air de *Prom'nons-nous dans les bois*)

Refrain :
Prom'nons-nous dans les bois
Pendant que Galette n'y est pas
Si Galette y était
Il nous mangerait,
Mais comme il n'y est pas,
Il nous mang'ra pas !
Galette, y es-tu ?
Que fais-tu ?
Entends-tu ?

Galette : Je mets ma salopette ! — Tous : *Refrain*
Galette : Je mets ma veste ! — Tous : *Refrain*
Galette : Je mets mes chaussettes ! — Tous : *Refrain*
Galette : Je mets ma casquette ! — Tous : *Refrain*
Galette : Je mets mes lunettes ! — Tous : *Refrain*
Galette : Je prends ma trottinette ! J'arrive !
Tous : Sauvons-nous !

⑭ C'est le petit Fripon

(sur l'air de *Le bon roi Dagobert*)

C'est le petit Fripon
Qui a mis sa culotte rose bonbon.

Refrain :
La belle Tartine
Lui dit : « Ô Fripon!
Mon petit coquin,
tu es trop mignon. »
« C'est vrai, lui dit Galette,
Tu es le plus drôle des bouffons. »

C'est le petit Fripon
Qui cache le gros ballon rond.

Refrain

C'est le petit Fripon
Qui mange en cachette des bonbons.

Refrain

C'est le petit Fripon
Qui a le plus gros bedon rond.

15 Fripon, Galette et sa petite sœur

(sur l'air de L'emp'reur et le p'tit prince)

Lundi matin
Fripon, Galette et sa petite sœur
Sont venus chez moi
Tous trois de belle humeur
Mais comm' j'étais parti
La petite sœur a dit :
Puisque c'est ainsi
Nous reviendrons mardi.

Mardi matin...
(Chanter en utilisant tous les jours de la semaine.)

Puisque c'est comme ça,
Nous ne reviendrons plus !

16 C'est le p'tit Fripon

(sur l'air de C'est la mère Michel qui a perdu son chat)

C'est le p'tit Fripon
Qui a perdu Melon,
Il crie par la fenêtre
De la petite maison.
C'est son ami Galette
Qui lui a répondu :
«Voilà, mon cher Fripon,
Melon n'est pas perdu!»

Sur l'air du tralalala (bis)
Sur l'air du tradéridéra,
Tralala.

16 chansons